AF243175

LE PRÉSIDENT

BERTHEREAU

ÉTUDE BIOGRAPHIQUE

PAR

HENRI LOT

ARCHIVISTE AUX ARCHIVES DE L'EMPIRE

Vir probus jus dicebat.

PARIS

CHEZ AUGUSTE AUBRY, ÉDITEUR

16, RUE DAUPHINE, 16

1865

LE PRÉSIDENT

BERTHEREAU

LE PRÉSIDENT

BERTHEREAU

ÉTUDE BIOGRAPHIQUE

PAR

HENRI LOT

ARCHIVISTE AUX ARCHIVES DE L'EMPIRE

Vir probus jus dicebat.

PARIS

CHEZ AUGUSTE AUBRY, ÉDITEUR

16, RUE DAUPHINE, 16

—

1865

LE PRÉSIDENT

BERTHEREAU

Le président Berthereau appartient à la vieille bourgeoisie de Coulommiers (Brie). Dès le XVe siècle, le
nom de sa famille figure parmi ceux des notaires de cette
ville (1). Son père, Nicolas Berthereau, y fut procureur
et y exerça longtemps les fonctions d'échevin. Il avait
épousé, en 1727 (25 mai), Marguerite-Françoise de la
Martellière. Il mourut le 5 janvier 1760, après avoir eu
cinq enfants, deux filles et trois garçons. L'une de ses
filles, Marie-Jeanne-Hubert-Henriette, fut mariée à
Thomas-Joseph Desescouttes, marchand de bois à Coulommiers, dont la considération publique fit plus tard un
des représentants du tiers état du bailliage de Meaux

(1) On le trouve fréquemment au bas des actes passés au profit des
Chartreux de Paris, qui possédaient non loin de Maupertuis l'impor-
tante seigneurie de *Maillard*, et dont les registres *Terriers* sont conser-
vés aujourd'hui aux *Archives de l'Empire*.

à l'Assemblée constituante (1). L'autre, Marguerite-Denise-Charlotte, épousa Nicolas-Timoléon Maréchal, marchand de draps à Meaux, en qui ses compatriotes eurent également assez de confiance pour l'investir de l'autorité municipale. Des trois garçons, le premier, Nicolas-Hubert, se destina à l'Église ; il prit les Ordres et exerça les onctions de prêtre chapelain à Coulommiers. Il adopta avec une ardeur excessive les principes de la Révolution, renonça aux devoirs de son état, et termina assez misérablement une existence qu'il ne put soutenir que grâce à la générosité des siens. Son frère, Antoine-François, né le 26 janvier 1736, décédé le 18 octobre 1806, parcourut une carrière honorable. Chargé, pendant la Révolution, des intérêts de la famille Froullay de Tessé, il lutta jusqu'en 1793 pour sauvegarder des biens menacés de confiscation, et gagna plusieurs procès au profit de ses commettants. Sous le Consulat, il administra la terre de Valençay pour le compte de M. de Talleyrand, et fut nommé, vers la fin de ses jours, juge suppléant à Melun, puis à Coulommiers (21 thermidor an VIII, 8 août 1800). C'était le cadet de la famille Berthereau.

Son aîné, Thomas, naquit à Coulommiers le 22 novembre 1733. Il vint de bonne heure à Paris, y compléta ses études, et entra chez un procureur au Châtelet.

(1) C'est à M. Desescouttes que l'érudition et les lettres sont en partie redevables d'un homme qui les a particulièrement honorées. Il pourvut en 1782 aux frais des études d'Antoine Barbier, son petit-neveu, qui fut depuis le bibliothécaire du Conseil d'État et du roi au Louvre, et le célèbre auteur du *Dictionnaire des Anonymes* (V. la *Notice biographique* publiée en 1834 par M. Louis Barbier sur son père).

Durant douze années, il travailla sans relâche les ma-
tières alors si ardues du droit et de la procédure. Thomas
Berthereau était de cette forte race d'hommes, dont les
rangs se sont depuis tant éclaircis, pour qui le devoir ne
fut jamais un mot de parade, qui demeurent facilement
étrangers aux distractions frivoles, sur lesquels le plaisir
n'a point de prise, et qui puisent dans l'énergie de la
volonté et dans la paix de la conscience le moyen de
surmonter les obstacles devant lesquels s'arrêtent la plupart des jeunes gens. Ce fut seulement à trente ans,
quand il eut acquis la connaissance complète de son mé-
tier, qu'il songea à devenir lui-même procureur. Assisté
très-efficacement par M. Gautier, chez lequel il avait
fait son dernier apprentissage avec un succès marqué,
et dont il fut plus tard l'exécuteur testamentaire, il acheta
l'étude de Me Henry en 1763. Pendant les vingt-sept
années qui suivirent, il s'acquitta avec la loyauté la
plus exacte des devoirs de sa profession. Les principes
de probité et de délicatesse qu'il avait recueillis de sa
famille et de ses anciens patrons furent constamment les
siens. Sa réputation à cet égard fut si rapidement établie,
que dès l'année même de sa réception ses confrères de
l'ordre des *Jeunes* (1) le désignaient au nombre des

---

(1) La communauté des Procureurs se divisait en trois ordres ou
sections : les *Jeunes*, les *Modernes* et les *Anciens*, dits aussi *Vétérans*.
Vingt membres de chacune des trois sections, élus par leurs confrères,
formaient eux-mêmes le corps du Conseil (V. les délibérations de la
communauté des Procureurs au Châtelet, conservées aux archives de
l'Empire, sous la cote Y 6,577 et suivants). Les procès-verbaux de
l'Assemblée remontent à 1653 ; ceux des sept dernières années, qui
seraient les plus curieux, sont malheureusement perdus. Peut-être sont-

électeurs du conseil chargé de maintenir les traditions et de sauvegarder les intérêts de la Compagnie. Au milieu de tant de vices, de tant d'abus, fruit du temps qui infléchit tout et du meilleur fait le pire, la constitution de la vieille monarchie française avait d'ailleurs ses mérites propres, ses avantages certains, où chacun trouvait son appui et sa force. Toutes les classes de la société dont on a pu abolir le nom, non pas la nécessaire existence, y avaient leurs devoirs et leurs droits marqués ; il était facile d'y tenir une place, et, en en respectant les limites, d'y vivre sage et heureux. Douce, intelligente, profondément morale, la bourgeoisie parisienne du XVIIIe siècle fut un modèle. Thomas Berthereau en eut éminemment les vertus. La régularité des mœurs, la simplicité des habitudes s'associaient chez lui à la netteté du jugement, à la sincérité du caractère, à la droiture et à la modération des vues. Il aimait sa condition et respectait son état. Il devint considérable. Le quartier qu'il habitait au centre du vrai Paris de ce temps-là, entre les halles, l'Hôtel-de-Ville et le Palais de Justice, favorisa le développement d'une autorité qu'il conquit sans la chercher. Justement apprécié de populations laborieuses, actif et modeste comme elles, il en était journellement le conseil et en fut bientôt l'oracle. Aussi, lorsque éclata le grand mouvement de 1789, ne voulurent-elles pas au sein des états généraux d'autre représentant que celui auquel un commerce quotidien avait appris leurs besoins, et avec qui elles se savaient en parfaite communion de vœux,

ils restés entre les mains du procureur qui exerçait les fonctions de secrétaire au moment de la dissolution de la Compagnie.

d'intérêts et d'idées. Tout d'une voix, Thomas Berthereau fut appelé à faire partie de cette glorieuse phalange d'hommes honnêtes et dévoués dont la capitale de la France fit les dépositaires de ses destinées ; le choix des électeurs le porta le douzième sur la liste des vingt personnes qui composèrent la députation du tiers état de Paris.

A l'Assemblée nationale, la ligne de conduite de Berthereau était toute tracée. Avec la presque-unanimité de ses collègues et la très-grande majorité de la nation, il désirait l'avénement des principes politiques de Montesquieu ; il en soutint l'application par les mêmes moyens que les autres membres du tiers, et au jour du péril ne se sépara point d'eux. L'occasion paraissait alors décisive. Dans l'histoire de la France moderne, elle ne s'était encore présentée qu'une fois ; elle pouvait ne plus renaître. Comme en 1648, *le voile* qui, suivant la pittoresque expression du cardinal de Rais, *couvrait le mystère de l'État, avait été déchiré.* Après une expérience d'un siècle et demi, se rejeter dans le despotisme, dont les ressorts étaient absolument usés, eût été folie pure ; Berthereau prêta le serment du jeu de paume. Mais la réaction vaincue devait-elle emporter la royauté même? Il fut de ceux qui ne le pensèrent et ne le voulurent pas. La doctrine de l'unité du pouvoir s'alliait, au fond de sa conscience, à des sentiments qu'il était trop vieux déjà pour répudier. Elevé dans l'amour et le respect d'une antique dynastie, il ne cessa d'unir au culte de la liberté la fidélité qu'il devait à un prince, honnête homme, qui, abandonné à ses goûts propres, et dans des circonstances moins critiques, eût

offert le modèle d'un roi constitutionnel. Cette loyauté,
appréciée de ses collègues, le désigna à leurs suffrages
pour toutes les députations qu'ils envoyèrent à Louis XVI
(31 décembre 1790, 22 septembre 1791, etc.). Il était
du nombre de ceux qui lui firent escorte sur la route de
Paris dans la journée du 6 octobre.

Tant qu'il siégea dans l'Assemblée, Thomas Berthereau ne se départit point de cette allure ferme et modé-
rée. Les rôles importants y appartenaient aux grands
orateurs et aux penseurs éminents dont la Constituante
était remplie. Tout en partageant leurs idées, en s'asso-
ciant à leurs efforts, il fit partie, avec M. Desescouttes,
son beau-frère, le baron Ménager, son neveu, qui
étaient venus s'asseoir à ses côtés, du groupe des députés indépendants qui, sans vouloir entraver la marche de
la Révolution, refusèrent tour à tour leurs votes aux
mesures diversement exagérées. Au sein des commissions,
il fut investi des fonctions qui exigeaient une probité et
une délicatesse incontestées. Le soin de constituer les
pensions (1790), de vérifier les assignats (1790-1791),
lui fut confié. Au mois de novembre 1789, son expérience reconnue dans la pratique du droit l'avait fait
choisir par ses collègues pour examiner l'état des procé-
dures instruites au Châtelet contre les personnes accusées
de crimes politiques. Il put en attester la parfaite régularité.

En rentrant dans la vie privée, à laquelle les consti-
tuants s'étaient, par une loi célèbre, volontairement sou-
mis, il retourna avec satisfaction à ses premières occupa-
tions. Elles ne subsistaient plus sous leur antique forme.

L'Assemblée, en supprimant les vieilles juridictions de la France, avait en même temps aboli presque tous les offices qui leur servaient de cortége et d'appui. La théorie fit en cela violence à la nature. Le nom seul disparut, la chose demeura. Il n'est pas en effet au pouvoir d'institutions humaines de donner aux plaideurs l'expérience et le tact dont ils auraient besoin et dont ils sont nécessairement dépourvus, ni de leur interdire la confiance dans les personnes qui ont fait de ce qu'ils ignorent l'objet des travaux de toute leur vie. Pour ouvrir un cabinet d'homme de loi, il suffit à M. Berthereau de ne pas fermer son étude de procureur. Les clients n'en avaient pas oublié le chemin ; ils y affluèrent avec un nouvel empressement.

La tempête révolutionnaire le surprit au milieu de ces laborieuses habitudes ; elle n'en modifia point la régularité. La qualité d'ex-constituant était pour lui un titre à la mort : il l'attendit sans la craindre. Chaque jour il se levait avec la pensée d'une arrestation prochaine, puis il vaquait à ses devoirs. Protégé sans doute par la popularité dont il était toujours entouré, et peut-être aussi par quelque scrupule de Fouquier de Tinville, qui put respecter en lui le caractère d'un ancien confrère (1),

(1) Lors de son admission dans la Communauté des Procureurs au Châtelet (1er février 1774), Fouquier de Tinville avait eu pour parrain Thomas Berthereau, chez lequel il avait travaillé pendant cinq ans comme clerc, et aux bons offices de qui il eut encore recours au mois de septembre 1782, lors de l'ouverture de la tutelle de ses enfants, orphelins de leur mère. (V. Emile Campardon, *Histoire du Tribunal révolutionnaire*, édition de Plon, t. I, p. 15.)

M. Berthereau fut épargné et ne monta point sur l'échafaud du tribunal révolutionnaire.

Lorsque les passions politiques auxquelles la guerre extérieure et les luttes intestines avaient servi de mobiles ou de prétextes se furent calmées, les lois reprirent l'autorité qu'elles n'auraient jamais dû perdre. L'organisation judiciaire, inaugurée en vertu des principes nouveaux, s'améliora; le progrès des idées modérées purifia la composition des tribunaux ; le personnel en fut renouvelé. Dès l'an III (1794-1795), M. Berthereau, qui, à partir de cette époque, fit toujours partie du Corps électoral, fut élu juge pour le 3e arrondissement de Paris. A l'expiration de ce mandat, il fut désigné, par un arrêté du pouvoir exécutif, au nombre des quatre juges suppléants du département de la Seine (21 floréal an IV, 10 mai 1796). L'année suivante, les électeurs confirmèrent par un vote significatif cette double nomination. Berthereau fut porté le premier sur la liste des quarante-huit juges ; il obtint presque l'unanimité des suffrages : 602 voix sur 644 votants (15 floréal an V, 4 mai 1797). Ce témoignage éclatant de l'estime et de la confiance publiques le plaçait à la tête du tribunal; il le présida d'une façon qui ne démentit pas l'opinion qu'avaient fait naître sa probité et ses talents. Aussi, lorsque Bonaparte, devenu Premier Consul, eut décidé la réorganisation des Cours de justice sur un plan qui en resserrait les liens et en accroissait la force, ne songea-t-il point à modifier le libre choix des Parisiens. Par décret du 14 germinal an VIII (4 avril 1800), Thomas Berthereau fut nommé président du nouveau tribunal civil de la Seine.

On a beaucoup médit, non sans quelque apparence de raison, du système électif appliqué à la composition des corps judiciaires. Qu'on nous permette d'y voir une expérience qui n'a pas dit son dernier mot. Il semble au moins digne de remarque que les deux hommes qui, les premiers, remplirent les fonctions de président du tribunal de 1re instance à Paris, M. Berthereau en 1800, M. Try en 1811, figurèrent en tête de la liste des magistrats chosis en 1796 par les électeurs. En ratifiant plus tard les résultats de ce scrutin, le pouvoir exécutif en a lui-même très-énergiquement reconnu le mérite et proclamé la sagesse (1).

Le souci de plaire au Corps électoral était toujours resté étranger à M. Berthereau. Dans le nouvel exercice de ses fonctions, il conserva l'indépendance d'esprit et de caractère à laquelle le principe électif n'avait pas chez lui porté atteinte. Il se proposa deux objets : appliquer exactement les lois existantes, et renouer peu à peu la chaîne trop violemment brisée de traditions utiles. Cette double pensée domina sa carrière de magistrat. Elle fut pour lui, surtout dans les premières années, la cause de travaux extraordinaires sous le poids desquels un esprit moins exercé que le sien eût peut-être succombé. La tâche de mettre successivement en activité les différentes formes de procédure que renouvelait incessamment une

----

(1) Ces réflexions s'appliquent bien entendu au système adopté par la constitution de l'an IV, sous l'empire de laquelle l'élection, ayant lieu à *deux degrés*, écartait les surprises de l'ignorance et de la passion. Conf. l'excellent ouvrage de *M. Hiver* sur les *Institutions judiciaires de la France de* 1789 *à* 1848.

législation mal assise n'était pas son seul labeur. L'incertitude et la confusion des principes, l'inexpérience des personnes commises à leur maintien, lui imposaient des soins naturellement étrangers à son ministère. C'est ainsi qu'il dut se livrer lui-même à l'examen des délibérations des conseils de famille, à la rectification des actes de l'état civil. Le zèle le plus ardent n'eût pas suffi à triompher de difficultés chaque jour renaissantes, s'il n'eût été soutenu par une régularité de mœurs inflexibles. Un des souvenirs des vieux errements judiciaires auxquels M. Berthereau eut le plus à cœur de se montrer fidèle, fut l'exactitude. Aussi, quand le matin il se rendait au Palais, les gens de la halle disaient-ils en se découvrant : Voilà neuf heures qui passent !

L'insuffisance et les lacunes des dispositions qui régissaient la distribution de la justice furent d'ailleurs ressenties à cette époque et signalées par ses collègues non moins vivement que par lui-même. Un retour vers le passé, contenu dans de sages limites, était le plus sûr remède qu'indiquât une épreuve décidément malheureuse. Dès l'an V (16 thermidor, 3 août 1797), M. Berthereau demandait au nom du tribunal la réforme de la loi du 3 brumaire an II, qui avait supprimé l'institution des *Avoués*. Renvoyé à l'examen du *Comité de classification*, agréé par le *Conseil des Cinq-Cents* (21 vendémiaire et 19 frimaire an VI), mais rejeté par celui des *Anciens* (4 germinal an VII), ce vœu provoqua la loi du 27 ventôse an VIII, qui rétablit ces officiers ministériels, et fut alors regardée comme un véritable bienfait. Toutefois il n'obtint une entière satisfaction qu'en 1802, lors de la rédaction du *Code de la procédure civile*. Thomas Berthe-reau fut un des quatre commissaires auxquels le Premier Consul confia cet important travail (3 germinal an X). Une entière conformité de vues l'unissait à ses collègues, MM. Treilhard, Try et Pigeau, qui purent s'adjoindre bientôt MM. Séguier et Fondeur. Ils se mirent aussitôt à l'œuvre. Malgré l'activité qu'ils déployèrent, leur entreprise ne fut terminée qu'au bout de quatre années, au mois d'avril 1806. C'est *qu'en effet un Code de procédure doit*, suivant les termes mêmes de leur rapport, *tout prévoir et tout prescrire. Des principes exprimés avec netteté dispensaient les auteurs du Code civil de développer les conséquences qui en dérivent ; tandis que les actes de procédure ne sont pas toujours nécessairement la suite l'un de l'autre ; la forme de chacun d'eux doit être indiquée, et sa place rigoureusement fixée* (1). L'ordonnance de 1666, le seul monument législatif qui pût servir de modèle à la commission (2), était d'ailleurs loin de comprendre tout l'ensemble de la matière. Les doctrines qui en formaient la base avaient particulièrement éveillé les antipathies de l'esprit réformateur dont le triomphe éclata en 1789. La tâche des rédacteurs du nouveau Code était donc délicate; il leur fallait remonter le courant des erreurs où la loi avait été successivement emportée par la précipitation et l'ignorance révolutionnaires, sans se laisser aller aux excès où la législation monarchique était autrefois tombée, et qui en avaient déter-

---

(1) *Observations de la Commission.* In fine.

(2) Les ordonnances ou édits antérieurs de *Villers-Cotterets* (1539) et de *Montils-les-Tours* (1454) ne représentaient dès longtemps à cet égard qu'un intérêt purement historique.

miné la ruine. Telle fut leur pensée constante ; ils l'ont
nettement exprimée dans leur *Rapport* et dans leur *Exposé
des motifs*. La part de collaboration de Berthereau ne
pouvait être médiocre dans une œuvre à laquelle il était
préparé par cinquante ans de pratique ; elle fut essentielle
dans tout ce qui concernait la réorganisation du corps
des officiers ministériels. Une double expérience le met-
tait en garde contre les abus des siècles écoulés et contre
ceux du régime qu'on venait de traverser. Il s'attacha à
les prévenir. Le vice capital de la vieille procédure pre-
nait sa source dans l'exagération des écritures et dans la
lenteur des voies judiciaires. Les délais, indispensables à
la bonne administration de la justice, furent abrégés ; le
nombre des *requêtes grossoyées* fut rigoureusement déter-
miné ; l'étendue en fut circonscrite dans des limites qu'il
ne fut pas permis de franchir. La période dite depuis
intermédiaire présentait un défaut non moins grave. En
supprimant les mandataires légaux placés entre les juges
et les parties, la procédure de cette époque troublée avait
livré les plaideurs à l'avidité de gens dénués d'instruc-
tion pour la plupart, et dont le caractère n'offrait aucune
garantie morale : ce fut le règne des hommes d'affaires.
Les causes arrivaient au tribunal sans préparation, sans
étude ; des prétentions absurdes y étaient portées ; de
pauvres dupes y perdaient leur avoir. Il était urgent de
rétablir les *procureurs* ; leur nom était devenu odieux ;
la dénomination d'*avoués* paraissait avoir ce qu'il faut
au public : la nouveauté. En la faisant entrer définitivement dans la loi, M. Berthereau s'en servit pour
restaurer l'institution qu'il s'agissait de réhabiliter. Des

avoués, dont le nombre était alors excessif, on fit deux parts. Ceux que recommandaient leurs lumières et leur probité furent désignés pour former un corps nouveau ; on écarta les autres. Et afin qu'aucun intérêt ne sortît froissé de ce travail d'élimination, le principe d'une indemnité équitable fut établi à la charge des avoués maintenus en faveur de ceux qui ne l'étaient pas. M. Berthereau reçut la mission de fixer le chiffre de cette indemnité. Elle·fut ponctuellement soldée. Affranchis désormais de préoccupations fâcheuses, limités dans leur nombre, assurés d'un recrutement honorable, les avoués reprirent, avec la consistance qui leur manquait, l'unité d'esprit essentielle à leur état. Ils recouvrèrent dans le sentiment de leurs devoirs celui de leur dignité. En surveillant d'un œil jaloux l'observation des règles de la profession, ils reconquirent auprès de leurs clients l'autorité qui naît de la considération publique, auprès du tribunal la place réservée aux hommes chargés d'éclairer ses décisions. M. Berthereau ne contribua pas peu au succès d'une œuvre qui lui était particulièrement chère ; c'est à lui, on peut le dire, qu'est due la reconstitution d'une compagnie d'où sont sortis depuis bien des hommes éminents par le savoir et le caractère, et qui a fourni au tribunal et à la cour de Paris quelques-uns de leurs magistrats les plus distingués.

La faveur avec laquelle fut accueilli le Code de procédure civile désignait les personnes qui en avaient arrêté la rédaction à de nouveaux choix du gouvernement, lorsqu'il s'agirait de compléter l'œuvre de la législation française. Thomas Berthereau devint un des membres de la commission qui dut travailler à la confection du *Projet de Code rural*. Des questions délicates et d'une nature très-complexe entravèrent et firent définitivement ajourner cette entreprise.

Cependant l'autorité et la réputation de M. Berthereau s'étaient particulièrement accrues. Lors de la présentation des candidats au Corps législatif faites par les colléges électoraux de départements, conformément au sénatus-cousulte du 16 thermidor an X, son nom fut un de ceux qui réunirent les suffrages du deuxième collége électoral du département de la Seine (25 germinal an XI). Membre de la Légion d'honneur depuis le 25 prairial an XII, il devint chevalier de l'Empire le 21 décembre 1808. Commis à la formation de la liste des six cents plus imposés en l'an XIII, il fut nommé chaque année président d'une des Assemblées de canton chargées de la désignation des candidats au Corps législatif (an XI, 1813). La voix publique le portait au Sénat.

Ses services étaient en effet depuis longtemps appréciés de l'Empereur. De tous les princes qui gouvernèrent la France, aucun n'aima davantage la probité ; il fit grand cas des vertus de M. Berthereau ; il se plaisait à s'entretenir avec lui des intérêts de l'Ordre judiciaire. Dès l'année 1806, il lui donna l'entrée à ses audiences du dimanche (31 mai). Il l'appelait souvent auprès de lui. Les questions d'un intérêt général ne furent malheureusement pas les seules que le Président du Tribunal de la Seine dût traiter avec Napoléon. L'une de ses consultations intimes eut une influence remarquable sur la carrière publique de M. Berthereau.

Wagram fut un jour funeste dans la vie de l'Empereur ; son trône devint trop grand pour Joséphine. Il souhaita que son mariage se trouvât nul. L'homme de France le plus consommé dans la procédure était alors M. Berthereau ; il le fit venir et lui demanda son opinion. Après quatre-vingts ans d'une vie sans tache, Thomas Berthereau ne pouvait au dernier jour flétrir ses cheveux blancs. Il examina les pièces, et répondit que le mariage était inattaquable.

Cette appréciation, soutenue de preuves sans réplique, confirmée bientôt par Cambacérès, aboutit au *divorce*. Mais Napoléon, prompt à la mauvaise humeur, lent à en revenir, bien qu'il fût naturellement équitable, ne la pardonna point à M. Berthereau.

La constitution de l'Empire — bien peu de personnes sans doute le savent ou se le rappellent aujourd'hui — avait investi le Sénat au point de vue de sa formation d'une prérogative particulière. Cette Assemblée ne se composait pas seulement des personnes désignées par l'Empereur pour entrer dans son sein, elle avait en outre le droit de s'incorporer elle-même, par la voie du scrutin, suivant un certain ordre et conformément à certaines règles, les hommes présentés à son choix par les Assemblées électorales de chaque département. Toutefois, cette présentation n'avait pas lieu directement ; elle était faite par l'Empereur sur une liste qu'il dressait de trois candidats ainsi élus pour un siége vacant. Ce mécanisme assez compliqué, et qui, en fait, réduisait à peu de chose l'initiative électorale, peut être regardé comme un reste des combinaisons politiques de Sieyès, pour lesquelles

Napoléon eut plus de goût qu'on ne l'imagine générale-
ment, en tout ce qui n'atteignait pas la réalité du pouvoir.

Dès l'année 1807 (20 novembre) M. Berthereau avait
été choisi par l'Assemblée électorale du département de
la Seine, dont le Président était le cardinal de Belloy,
archevêque de Paris, pour être le premier candidat au
Sénat. Son succès y avait été grand. Sur cent vingt-
quatre votes exprimés, il avait obtenu quatre-vingt-un
suffrages. Son concurrent, M. de Pastoret, n'en avait
réuni que cinquante-deux. Un pareil témoignage d'estime, joint aux actes de sa vie, ne permettait à personne
de douter de sa prochaine nomination.

Cependant le tour du département de la Seine dans la
fonction que nous venons de décrire ne revint qu'en
1813. Le 7 avril, la liste des trois candidats, attendue
avec quelque impatience par le public, fut envoyée au
Sénat. Elle se composait de M. Lacuée, premier président de la Cour d'Agen, de M. d'Haubersaërt, premier
président de la Cour de Douai, et en dernier lieu seulement de M. Berthereau. Entre 1813 et 1807 s'était pla-
cée l'affaire du divorce. L'Empereur n'avait pas su vain-
cre l'amertume d'un souvenir.

Le rang qu'occupait Thomas Berthereau sur la liste
des candidats l'empêchait d'être élu. Toutefois le Sénat
tint à montrer ce qu'il eût fait, s'il eût été possible d'af-
fronter ouvertement la volonté du maître. Un premier
tour de scrutin ne donna point de résultat. M. Lacuée,
qui obtint le plus de voix (42), n'eut pas la majorité ab-
solue. Au second tour il y eut une sorte de coalition ; les

partisans de M. Berthereau unirent leurs votes à ceux des amis de M. d'Haubersaërt, qui passa et devint ainsi sénateur (1). Cette petite velléité d'opposition, bien inaperçue des historiens de l'époque, mais assez curieuse en soi, méritait peut-être d'être relevée. Pour M. Berthereau, elle fut la marque non équivoque des sympathies du premier Corps de l'État.

L'irritation de l'Empereur n'avait d'ailleurs pas attendu jusque-là pour se manifester. Encouragée par l'attitude d'un homme qui aurait pu mettre sa gloire à la combattre, elle éclata avec une sorte de violence. M. Séguier ne fut pas un magistrat aussi dépourvu de lumières qu'on s'est plu depuis à le répéter ; mais il devait sa haute position moins à son savoir qu'à son nom, et sa réputation était loin d'égaler celle de Thomas Berthereau. Oublieux des principes de réserve que paraissaient comporter des relations déjà anciennes et toujours amicales, il eut la faiblesse de se faire l'écho d'ambitions impatientes, et demanda par écrit au ministre de confier à un nouveau magistrat la présidence du Tribunal (25 décembre 1810). En même temps la calomnie, qui n'épargne pas les plus beaux caractères, se déchaîna contre un vieillard digne de tous les respects ; des pamphlets anonymes, déshonorants pour leurs auteurs, furent répandus au Palais et dans le public. Au mois de janvier 1811, le Président du Tribunal de la Seine reçut, sans avis préalable, son brevet de retraite. Rien ne justifiait

(1) Il eut 45 voix contre 40. M. le comte d'Haubersaërt est le dernier sénateur du premier Empire élu sous cette forme.

(*Procès-verbal de la séance du Sénat* du 14 avril 1813.)

une pareille mesure que le mécontentement secret du nouveau César, et la verte vieillesse de M. Berthereau eût suffi encore à bien des tâches qui eussent semblé lourdes à des mains plus jeunes; il fut remplacé par M. Try.

Rarement les colères de Napoléon l'aveuglèrent au point de lui faire perdre le sentiment de l'équité. Il chercha à atténuer les effets d'un mouvement trop prompt. Le titre de président honoraire du Tribunal civil fut créé pour M. Berthereau ; il reçut une pension exceptionnelle ; il fut élevé au grade d'officier de la Légion d'honneur. De leur côté, ses anciens collègues tinrent à lui donner une marque de leurs regrets. Par l'organe de l'un d'eux, M. Moreau de la Vigerie, vice-président, ils lui demandèrent la permission *de faire prendre copie de son portrait aux frais de la Compagnie, pour le placer dans la chambre du Conseil, comme un juste hommage offert à ses vertus, à son profond savoir et à ses longs services* (1). La tradition des sentiments qui animaient alors la magistrature ne s'est point perdue; il y a peu de temps, un nouveau témoignage a publiquement consacré les souvenirs laissés par Thomas Berthereau. Dans les premiers mois de l'année 1864, son buste a été posé avec ceux de MM. Try et de Belleyme dans le péristyle qui donne accès aux chambres du Tribunal de la Seine.

Rendu à la vie privée, il put du moins s'abandonner sans contrainte à ses goûts d'isolement et de retraite. Sa maison, où avait toujours régné une simplicité antique,

---

(1) Délibération du 1er avril 1811.

ne fut ouverte qu'à un petit nombre d'amis. Il passa la majeure partie de ses dernières années à Coulommiers, sa ville natale. Jusqu'à la fin de sa carrière, l'étude occupa son esprit ; son délassement était un tour de promenade dans les magnifiques prairies et les belles avenues qui entouraient cette jolie ville. Vénéré de ses compatriotes, ils voulurent perpétuer le souvenir de ses séjours au milieu d'eux. Le Conseil municipal décida que la rue où il habitait porterait désormais son nom.

Le président Berthereau s'éteignit sans souffrances le 22 septembre 1817. Il allait atteindre sa quatre-vingt-cinquième année.

Bien qu'il eût traversé une époque livrée à plus d'un genre de scepticismes, fruit de nombreuses révolutions, il était resté fidèle aux croyances de sa jeunesse. Les premiers mots de son testament portent qu'il entend mourir comme il a vécu, au sein de la religion catholique, apostolique et romaine.

Sa mort excita des regrets sincères et universels. Suivant une expression du général Coustard, *il faisait honneur à l'homme* ; il léguait à la magistrature, pour parler le langage de M. Jacquinot-Pampelune, *un grand exemple*.

Les affections de famille avaient été avec l'amour du devoir les sentiments profonds de son cœur. Ses neveux furent ses enfants ; sa sollicitude fut pour eux inépuisable ; il les combla de bienfaits. Ils ont voué à sa mémoire un culte qui, transmis pieusement, ne périra pas.

En 1840, une main demeurée inconnue a gravé sur la tombe où repose sa dépouille mortelle une inscription qui résume bien sa vie :

Hic. Jacet. Vir. Probus. Jus. Dicebat.

SOURCES

SOURCES

———

1º — Registres censiers des chartreux de Paris. (Archives de l'Empire, S, 4082-4131.)

2º — Partage des biens provenant de la succession de Nicolas Berthereau entre ses enfants, 1ᵉʳ octobre 1760. (Papiers de famille. Expédition authentique.)

3º — Provision de l'office de procureur au Châtelet de Paris au profit de Thomas Berthereau, 3 août 1763. (Archives de l'Empire, V₁, 414, minute.)

4º — Information et réception dudit, 12 août 1763. (Archives de l'Empire, Y, 4855, minutes.)

5º — Information et réception de Fouquier de Tinville, comme procureur au Châtelet de Paris, 1ᵉʳ février 1774. (Archives de l'Empire, Y, 4986, minutes.)

6º — Avis de parents assemblés pour déférer à Fouquier de Tinville la tutelle de ses enfants orphelins de leur mère, 7 septembre 1782. (Archives de l'Empire, Y, 5097, minutes.)

7º — Procès-verbal d'élection des députés de Paris (*intra muros*) aux Etats généraux de 1789. (Archives de l'Empire, Bᴬ IV, 55, minute.)

8º — Liste imprimée des députés de la ville de Paris (*intra muros*) pour le Tiers-Etat, aux Etats généraux de 1789, envoyée à Th. Berthereau par Target, président de l'Assemblée électorale. (Papiers de famille.)

9º — Procès-verbal du serment du jeu de paume. (Archives de l'Empire, C* Iᴬ 3, minute.)

10º — Procès-verbaux des séances de l'Assemblée constituante. (Archives de l'Empire, C* Iᴬ 4, 8, 13, 27, 34, 46, minutes.)

11º — Quittances de décharges, données à François Berthereau par M. Froullay de Tessé, de la gestion de ses biens sis en France. Morat, 28 janvier, 6 mars, 9 avril 1792. (Papiers de famille.)

12º — Certificat authentique de la nomination de M. Berthereau aux fonctions d'électeur par l'assemblée primaire de la section de Bon-Conseil, 30 fructidor an III, 16 septembre 1795. (Papiers de famille.)

13º — Arrêté du Directoire nommant Th. Berthereau à

une des quatre places de juge suppléant vacantes près le tribunal de la Seine, 21 floréal an IV, 10 mai 1796. (Papiers de
famille. Expédition authentique.)

14° -- Lettre de Mouricault, commissaire du Directoire,
exprimant à Th. Berthereau le désir de le voir entrer immé-
diatement en fonctions, 25 floréal an IV, 14 mai 1796. (Papiers
de famille. Original.)

15° — Procès-verbal de l'élection de Th. Berthereau
comme juge du tribunal de la Seine par 602 suffrages sur 644
votes exprimés, 24 germinal an V, 13 avril 1796. (Archives de
l'Empire, B I₄ 17, minute.) (Papiers de famille. Expédition
authentique.)

16° Lettre de Du Trême, président de l'Assemblée électorale, notifiant à Th. Berthereau sa nomination de juge, 25
germinal an V, 14 avril 1797. (Papiers de famille. Original.)

17° — Lettre du président du Conseil des Cinq-cents accu-
sant réception d'une pétition du tribunal de la Seine par
laquelle est sollicité le rapport de la loi du 3 brumaire an II
sur les avoués, et annonçant le renvoi de ladite pétition au
comité de la classification des lois, 16 thermidor an V, 3 août
1797. (Papiers de famille. Original.)

18° — Procès-verbal de la nomination de Th. Berthereau
comme scrutateur dans l'Assemblée électorale tenue à l'effet
de désigner les membres des deux conseils, 24 germinal an VIII,
13 avril 1799. (Archives de l'Empire. B I₄ 17, minute.)

19° — Procès-verbal de la réélection de Th. Berthereau

comme juge du tribunal de la Seine, 28 germinal an VII,
17 avril 1799. (Archives de l'Empire, B ɪᴀ 17, minute.)

20° — Arrêté du Premier Consul portant nomination de
Th. Berthereau aux fonctions de président du tribunal de la
Seine, 14 germinal an VIII, 4 avril 1800. (Papiers de famille.
Brevet et expédition authentique.)

21° — Lettre du ministre de la justice Abrial à Th. Berthereau contenant avis dudit arrêté, 18 germinal an VIII, 8 avril
1800. (Papiers de famille. Original et copie.)

22° — Arrêté du Premier Consul portant nomination de
François Berthereau, juge suppléant à Melun, aux fonctions
de juge suppléant à Coulommiers, 21 thermidor an VIII, 9 août
1800. (Papiers de famille. Expédition authentique.)

23° — Arrêté des consuls nommant Th. Berthereau l'un
des cinq commissaires chargés de la rédaction du Code de
la procédure civile, 3 germinal an X, 24 mars 1802. (Archives
de l'Empire, AF ɪᴠ. Original. Papiers de famille. Expédition
authentique.)

24° — Lettre du ministre de la justice Abrial invitant Th.
Berthereau à se rendre auprès de lui pour arrêter les bases du
Code de procédure, 9 germinal an X, 30 mars 1802. (Papiers
de famille. Original.)

25° — Arrêté du Premier Consul portant nomination de
Th. Berthereau aux fonctions de président de canton pour le
5ᵉ arrondissement de Paris, 4 nivôse an XI, 25 décembre 1802.
(Papiers de famille. Brevet.)

26º — Liste des candidats présentés au Corps législatif par les colléges électoraux des départements conformément au titre VII du sénatus-consulte organique du 16 thermidor an X, pour le deuxième collége électoral du département de la Seine, 25 germinal an XI, 15 avril 1803. (Archives de l'Empire, B VI, 32, minute.)

27º — Quittance et décharge données par M. de Talleyrand à François Berthereau de la gestion de la terre de Valencay, 11 brumaire an XII, 3 novembre 1803. (Papiers de famille. Original.)

28º — Lettre du grand chancelier de Lacépède annonçant à Th. Berthereau sa nomination de membre de la Légion d'honneur, 17 messidor an XII, 6 juillet 1804. (Papiers de famille. Original.)

29º — Lettre du président Séguier à Th. Berthereau demandant l'indication des six avoués du tribunal les plus recommandables par leurs lumières et leur probité, 30 prairial an XII. (Papiers de famille. Original.)

30º — Décret impérial désignant les membres de la commission chargée de former la liste des 600 plus imposés, 23 ventôse an XIII, 14 mars 1805. (Papiers de famille. Expédition authentique.)

31º — Lettre du préfet de la Seine Frochot à Th. Berthereau, portant convocation de ladite commission, 24 germinal an XIII, 14 avril 1805. (Papiers de famille. Original.)

32º — Décision impériale accordant à Th. Berthereau,

comme preuve d'estime personnelle, l'entrée aux audiences du dimanche, 28 mai 1806. (Archives de l'Empire, AF IV, minute.)

33° — Lettre du grand juge Régnier notifiant à Th. Berthereau ladite faveur, 31 mai 1806. (Papiers de famille. Original.)

34° — Lettre du grand chambellan, M. de Talleyrand, à Th. Berthereau, contenant semblable avis, 5 juin 1806. (Papiers de famille. Original.)

35° — Lettre du grand juge Régnier invitant Th. Berthereau, au nom de l'Empereur, à se rendre à Fontainebleau, 29 septembre 1807. (Papiers de famille. Original.)

36° — Décret impérial nommant M. Berthereau président du collége électoral du 2me arrondissement de Paris, 17 octobre 1807. (Papiers de famille. Expédition authentique.)

37° — Procès-verbal de la nomination de Th. Berthereau, comme candidat au Sénat conservateur, par le collége électoral du département de la Seine, 20 novembre 1807. (Archives de l'Empire, B VI, 67, minute.)

38° — Lettre du cardinal de Belloy, archevêque de Paris, à Th. Berthereau, contenant avis de ladite élection, 22 novembre 1807. (Papiers de famille. Original.)

39° — Lettre de Frochot, préfet de la Seine, à Th. Berthereau, contenant avis du jour de l'ouverture des séances de la commission chargée de l'examen du projet 'de Code rural, 24 novembre 1808. (Papiers de famille. Original.)

40° — Lettres patentes de collation à Th. Berthereau du titre de chevalier de l'Empire, scellées du grand sceau de cire rouge, 21 décembre 1808. (Papiers de famille. Original. Archives de l'Empire, B VI, 276, f° 22. Expédition authentique.)

41° — Décret accordant à M. Berthereau une pension de retraite de 15,000 francs avec le titre de président honoraire du tribunal de la Seine, 11 janvier 1811. (Archives de l'Empire, AFI IV, minute. Papiers de famille. Expédition authentique.)

42° — Lettre du grand juge duc de Massa à Th. Berthereau contenant avis dudit décret, 11 janvier 1811. (Papiers de famille. Original.)

43° — Décret portant nomination de Th. Berthereau au grade d'officier de la Légion d'honneur, 11 janvier 1811. (Archives de l'Empire, AF IV, minute. Papiers de famille. Expédition authentique.)

44° — Lettre du grand chancelier de Lacépède à Th. Berthereau contenant avis de ladite nomination, 12 janvier 1811. (Papiers de famille. Original.)

45° — Délibération du tribunal de la Seine, prise à l'effet d'obtenir de Th. Berthereau copie de son portrait, 1er avril 1811. (Papiers de famille. Expédition authentique.)

« ..... Du ʼlundi premier avril 1811..... Sur la proposition de
« M. Moreau de la Vigerie, l'un des vice-présidents du tribunal,
« l'Assemblée a chargé son président de demander à M. le chevalier
« Berthereau, président honoraire du tribunal, la permission de faire
« prendre copie de son portrait aux frais de la compagnie, pour ledit
« portrait être placé dans la chambre du Conseil, ou dans le cabinet
« de M. le président du tribunal, comme un juste hommage rendu à
« ses vertus, à son profond savoir et à ses longs et honorables ser-
« vices dans la magistrature. (Signé) Try, président; Pinart, greffier. »

46º — Lettre du greffier du tribunal de la Seine, Pinart,
à Th. Berthereau, portant avis que les président et procureur
impérial du tribunal de la Seine viennent d'obtenir le privilége
de porter la robe rouge dans les cérémonies publiques, 13 juillet 1811. (Papiers de famille. Original.)

47º — Message de l'Empereur au Sénat contenant présentation de Th. Berthereau comme candidat pour le département
de la Seine, 3 avril 1813. (Archives de l'Empire, AF IV, minute, B VI, 16, nº 22. Expédition authentique, C* Iᴬ 14.
Procès-verbal du Sénat, 7 avril. Moniteur du 8 avril.)

48º – Procès-verbal d'élection d'un candidat au Sénat
conservateur, 14 avril 1813. (Archives de l'Empire, B VI, 19,
nº 23.)

49º — Décret de Marie-Louise nommant Th. Berthereau
président du collége électoral du 5ᵉ arrondissement de Paris
jusqu'au 1ᵉʳ janvier 1818, 19 juin 1813. (Papiers de famille.
Expédition authentique.)

50º — Lettre du préfet de la Seine, Chabot, à Th. Berthereau, contenant avis dudit décret, 9 décembre 1813. (Papiers de famille. Original.)

51º — Lettre du procureur du Roi, Jacquinot-Pampelune, à Th. Berthereau, portant avis de la confirmation faite par le Roi de son titre de président honoraire du tribunal de la Seine, 19 octobre 1815. (Papiers de famille. Original.)

52º — Lettre du président Try à Th. Berthereau, portant avis que l'installation du tribunal aura lieu le 23 octobre, 18 octobre 1815. (Papiers de famille. Original.)

53º — Testament olographe de Th. Berthereau, 28 octobre 1815. (Papiers de famille. Expédition authentique.)

54º — Note du Moniteur annonçant la mort de Th. Berthereau, 26 septembre 1817.

55º — Lettres écrites à M. Lot, au sujet de Th. Berthereau, 1817-1840. (Papiers de famille. Originaux.)

Mercredi 24 septembre 1817.

« Monsieur, c'est un devoir, c'est un besoin pour tous les membres du tribunal, d'assister au service d'un chef qui a laissé parmi nous de si honorables souvenirs. Il n'est pas un de nous qui ne s'empresse de lui donner cette dernière marque des sentiments d'estime et de respect dont nous étions pénétrés pour sa personne.

« Tous les juges présents à Paris se rendront au triste rendez-vous qui leur est indiqué.

« Recevez, Monsieur, l'assurance de ma haute considération.

« DUPATY. »

« Mon ami, tu penses bien que nous prenons tous part à ta douleur.

Les membres de la Chambre sont en minorité à Paris. Mais aucun de ceux qui s'y trouvent ne manquera demain le triste rendez-vous que tu nous donnes.

« Tout à toi.

« Masson,

« *Secrétaire de la Chambre des Avoués.* »

Paris, 24 septembre 1817.

Paris le 26 septembre 1817.

« Quoique votre oncle, Monsieur, ait fourni une longue carrière, je n'en conçois pas moins la vivacité de vos regrets et je les partage. Les miens ont été augmentés par l'impossibilité dans laquelle je me suis trouvé de lui donner une dernière preuve de mon sincère et respectueux attachement. Je ne puis jamais oublier que vous êtes le neveu de cet homme vénérable, votre conduite me le rappelle à chaque instant.

« J'ai l'honneur d'être, avec une parfaite considération, Monsieur, votre très-humble et très-obéissant serviteur.

« Try,

« *Président du Tribunal civil de Paris.* »

« Monsieur, personne ne savait mieux apprécier que moi les vertus et les éminentes qualités de l'oncle respectable dont vous déplorez la perte ; permettez que je réunisse mes vifs regrets à ceux que la magistrature et le barreau de Paris donneront longtemps à sa mémoire. Il sera donné à peu d'hommes publics de parcourir une aussi honorable carrière ; mais tous devront avoir constamment devant les yeux les grands exemples que leur laisse un magistrat aussi illustre par l'étendue de ses connaissances que par son amour pour la patrie.

« J'ai l'honneur d'être, avec une parfaite considération, Monsieur, votre très-humble et très-obéissant serviteur.

« *Le Maître des requêtes, Procureur du Roi,*

« Jacquinot-Pampelune. »

Paris, le 24 septembre 1817

Paris, 26 septembre 1817.

« J'ai appris, Monsieur, la perte que vous venez de faire dans la personne de M. Berthereau, président honoraire du tribunal de première instance de la Seine. Je prends grande part à la douleur que vous ressentez de la mort d'un magistrat aussi distingué par ses services que par son caractère.

« Recevez, Monsieur, l'assurance de ma parfaite considération.

« *Le Garde des sceaux, Secrétaire d'État, Ministre de la Justice,*

« Pasquier. »

Aux environs de Vassy, le 8 octobre 1817.

« Monsieur, j'ai appris par les journaux, avec une vive douleur, la perte que vous avez faite dans la personne de M. le président Berthereau. Je partage profondément le chagrin que vous en éprouvez, et vous connaissez assez l'attachement que je portais à votre respectable oncle pour être assuré que mes regrets sont sincères. M. Berthereau faisait honneur à l'homme.

« Aussitôt que je serai de retour à Paris, je m'empresserai de vous en renouveler de vive voix l'expression.

« J'ai l'honneur d'être, Monsieur, avec une haute considération, votre très-humble et très-obéissant serviteur.

GUY COMTE COUSTARD SAINT-LO (1).

(1) Le général Coustard commanda la place de Paris de 1823 à 1830.

Le 24 septembre 1818

« Monsieur et cher confrère, la Chambre des avoués me charge de vous transmettre l'expédition d'une délibération du 5 février dernier, contenant l'acceptation du don que vous lui avez fait du portrait de M. le président Berthereau. Je remplis cette mission avec un grand plaisir.

« La Chambre, vivement touchée, a fait placer ce portrait dans le lieu de ses séances. Les traits du magistrat chéri et vénéré auquel nous avons dû l'exemple de toutes les vertus et qui nous a donné tant de preuves d'attachement, deviendront pour les membres de la compagnie un noble sujet d'encouragement et d'émulation.

« Je m'estime heureux, mon cher confrère, de devenir en cette circonstance l'interprète des sentiments dont la Chambre est animée, sentiments dont la vivacité est plus grande en moi que chez qui que ce soit.

« Agréez, mon cher confrère, l'expression de l'attachement inaltérable de votre vieil ami.

« *Le Secrétaire de la Chambre des Avoués,*

« MALAFAIT. »

Coulommiers, le 24 décembre 1840.

« Monsieur, je viens d'apprendre par M. Barbier, votre cousin, que vous êtes possesseur d'un portrait de M. le président Berthereau, votre oncle, magistrat bien cher à cette ville, qui a voulu consacrer son souvenir en donnant son nom à la rue où est située la maison qui l'a vu naître.

« J'ai pensé, Monsieur, que ce serait un véritable bienfait pour notre pays d'obtenir de votre bonté une copie de ce portrait. Je ne doute pas que le Conseil municipal, auquel je m'empresserai de faire part de votre décision à cet égard, n'accepte comme moi un pareil don avec la plus vive reconnaissance.

« J'espère, Monsieur, et M. Barbier m'a confirmé dans cette espérance, que vous voudrez bien accueillir favorablement ma demande, et j'attendrai votre réponse avec un intérêt qui sera partagé par tous mes concitoyens.

« Veuillez agréer, Monsieur, l'assurance de ma considération distinguée.

Le Maire de Coulommiers,

« OGIER DE BAULNY. »

2096 — Paris, imprimerie Jouaust, rue Saint-Honoré, 338.

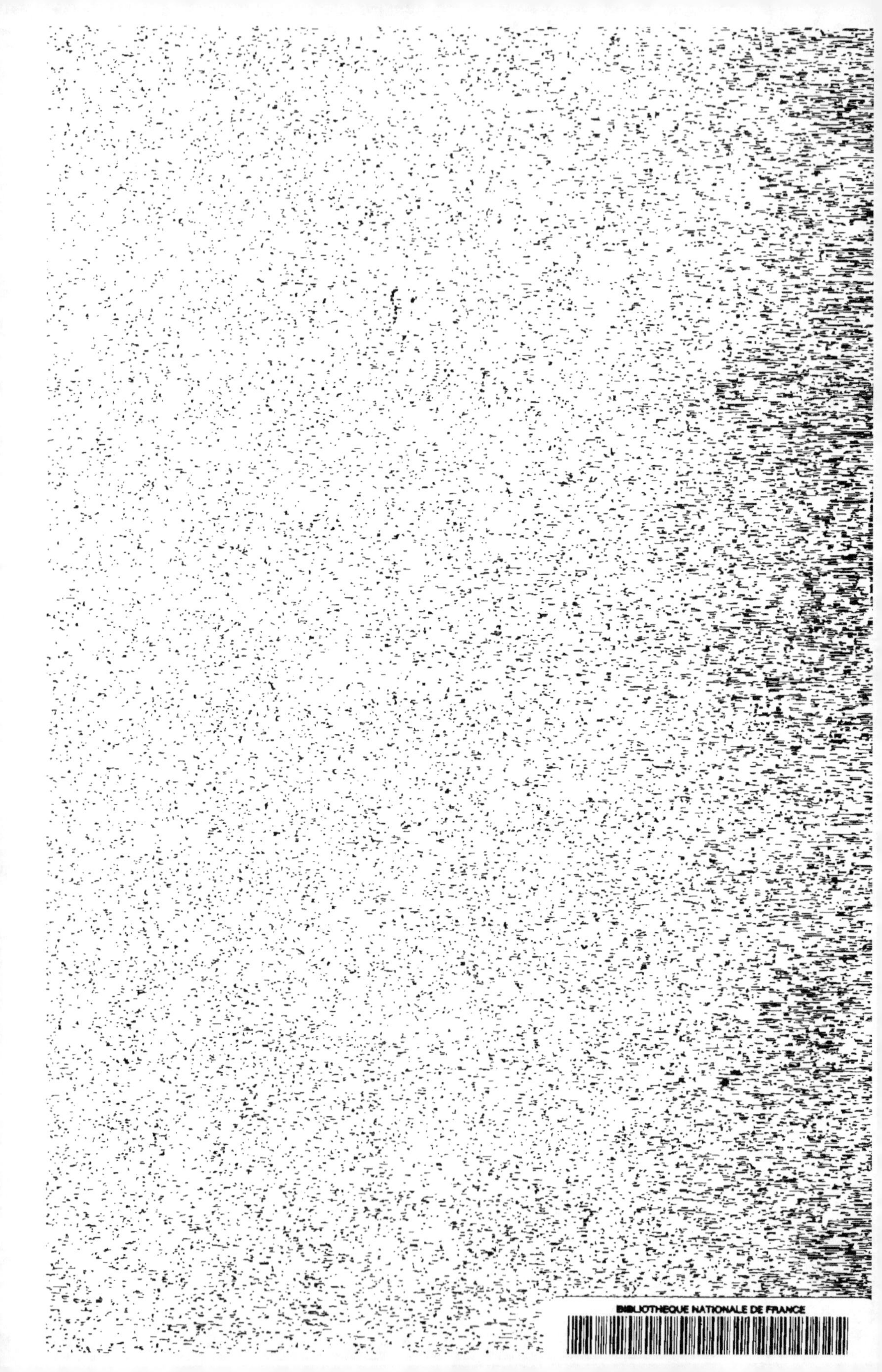